BEI GRIN MACHT SICH IHR WISSEN BEZAHLT

- Wir veröffentlichen Ihre Hausarbeit,
  Bachelor- und Masterarbeit

- Ihr eigenes eBook und Buch -
  weltweit in allen wichtigen Shops

- Verdienen Sie an jedem Verkauf

Jetzt bei www.GRIN.com hochladen
und kostenlos publizieren

Jan Pfitzner

Sonderbehörden in der BRD

GRIN Verlag

Bibliografische Information der Deutschen Nationalbibliothek:

Die Deutsche Bibliothek verzeichnet diese Publikation in der Deutschen National-
bibliografie; detaillierte bibliografische Daten sind im Internet über http://dnb.d-
nb.de/ abrufbar.

Impressum:

Copyright © 2003 GRIN Verlag GmbH
Druck und Bindung: Books on Demand GmbH, Norderstedt Germany
ISBN: 978-3-638-90431-5

Dieses Buch bei GRIN:

http://www.grin.com/de/e-book/81149/sonderbehoerden-in-der-brd

GRIN - Your knowledge has value

Der GRIN Verlag publiziert seit 1998 wissenschaftliche Arbeiten von Studenten, Hochschullehrern und anderen Akademikern als eBook und gedrucktes Buch. Die Verlagswebsite www.grin.com ist die ideale Plattform zur Veröffentlichung von Hausarbeiten, Abschlussarbeiten, wissenschaftlichen Aufsätzen, Dissertationen und Fachbüchern.

Besuchen Sie uns im Internet:

http://www.grin.com/

http://www.facebook.com/grincom

http://www.twitter.com/grin_com

Jan Pfitzner

Referat „Sonderbehörden in der BRD"
Abgabedatum 06.06.2003

Proseminar: Ausgewählte Aspekte der Öffentlichen Verwaltung / Lebensmittelsicherheit im Verwaltungsvollzug

Lehrstuhl für Verwaltungswissenschaft
Universität Bamberg

Inhaltsverzeichnis

1. EINLEITUNG 3

2. „ALLGEMEINE VERWALTUNG" UND „SONDERVERWALTUNG" 4

   2.1. BEHÖRDE 4

   2.2. DIE ALLGEMEINE VERWALTUNG 4

   2.3. DIE SONDERVERWALTUNG 5

   2.4. INTERORGANISATORISCHE BEZIEHUNGEN: 6

   „SONDERBEHÖRDEN" VS. „ALLGEMEINE VERWALTUNG" 6

3. SONDERBEHÖRDEN IN DER BUNDESREPUBLIK DEUTSCHLAND 8

   3.1. ENTSTEHUNG UND ENTWICKLUNG VON SONDERBEHÖRDEN 8

   3.2. VOR- UND NACHTEILE VON SONDERBEHÖRDEN 10

4. ERSCHEINUNGSFORMEN SONDERBEHÖRDLICHER ORGANISATION 12

   4.1. VORGEHEN UND PROBLEME BEI DER ABGRENZUNG 12

   4.2. TABELLARISCHE ZUORDNUNG DER SONDERBEHÖRDEN ZU DEN MINISTERIEN DES FREISTAATES BAYERN 13

5. SCHLUSS 15

LITERATURVERZEICHNIS 17

1. Einleitung

In der Geschichte der Welt ist die Menschheit seit jeher einem stetigen Wandel in Gesellschaft, Umwelt, Industrie, Politik, Ethik etc. unterworfen. Dieser Wandel beeinflusst und beeinflusste alle Lebensbereiche der Menschen und bringt neben Industrie, Wissenschaft, Bildung und zahlreichen anderen Lebensbereichen auch staatliche Institutionen dazu, sich diesem Wandel unter Berücksichtigung zahlreicher Aspekte anzupassen.

Das organisatorische Großgebilde, welches einen Staatsapparat funktionieren lässt, heißt Verwaltung. In ihr soll der Großteil der in einem Staatssystem anfallenden Verwaltungsaufgaben mittels Behörden ausgeführt werden. Die qualitative Entwicklung Deutschlands vom „Policey-Staat" zum „Daseinsvorsorge-Staat"[1] und zum Dienstleister für die Bürger förderte die horizontale Dekonzentration.[2] Vor allem nach dem 1. Weltkrieg musste die Verwaltung ihre Organisation rationell und sachgerecht anpassen[3], um den Aufgaben der Zeit gerecht werden zu können.

Die Entstehung und Entwicklung der Sonderbehörden ist mit dieser gesamtgesellschaftlichen Entwicklung eng verflochten, weswegen hier auch ein Schwerpunkt dieser Arbeit liegen soll. Des Weiteren soll der Begriff „Sonderbehörde" definiert und von der „Allgemeinen Verwaltung" abgegrenzt werden. Neben weiteren deskriptiven Darstellungen soll jedoch auch die Frage geklärt werden, wie denn die interorganisatorischen Beziehungen dieser zwei Verwaltungstypen funktionieren. Wo liegen die Vorteile der Sonderbehörden im Vergleich zu „traditionellen" Verwaltungseinrichtungen, und lässt sich daraus ein Trend weg von der allgemeinen Verwaltung hin zur Sonderbehörde erkennen? Bevor es zu einer abschließenden Problembeurteilung kommt, soll eine tabellarische Zuordnung der Sonderbehörden zu den entsprechenden Ministerien auf Landesebene am Beispiel des Freistaates Bayern einen Überblick verschaffen.

Auf Grund des relativ speziellen Themas dieses Referates konnten nur wenige ausführliche Texte ausfindig gemacht werden. Der umfassendste Text stammt aus dem Jahr 1969. Deswegen wurden einzelne Aspekte der weiteren Entwicklung der Sonderbehörden im

---

[1] Vgl. Bernd Becker 1998. Öffentliche Verwaltung. Lehrbuch für Wissenschaft und Praxis. Manz, Dillingen: Verlag R. S. Schulz, 260 (im Folgenden zitiert als: Öffentliche Verwaltung).
[2] Vgl. ebenda, 260.
[3] Vgl. Friedrich Fonk 1969. Die Problematik der Sonderbehörden. Zum Verhältnis von allgemeiner Verwaltung zur Sonderverwaltung, Köln und Berlin: Grote Verlag, 35 (im Folgenden zitiert als: Sonderbehörden).

Internet recherchiert, um im Text dargestellte Aussagen verifizieren zu können. Soweit dies nicht möglich war, wird sich im Folgenden an der angegebenen (älteren) Literatur orientiert.

2. „Allgemeine Verwaltung" und „Sonderverwaltung"

Im Folgenden sollen die Sonderbehörden und die Sonderverwaltung in der Bundesrepublik deskriptiv dargestellt werden. Hierzu ist es notwendig, immer auch die „Allgemeine Verwaltung" zu beschreiben, um anschließend die „Sonderverwaltung" abgrenzen zu können.

Verwaltung wird in der Bundesrepublik Deutschland u.a. durch Behörden ausgeführt. Bevor auf die Typisierung der Verwaltung eingegangen wird, folgt zunächst eine kurze Erläuterung des Begriffs der Behörde.

2.1. Behörde

Der Begriff der Behörde ist aus dem mittelhochdeutschen Verbum "behoeren" (= zugehören, zukommen) entstanden und wird seit dem 18. Jahrhundert im Sinne von "zuständige Stelle" gebraucht.[4] Gemäß § 1 Abs. 4 VwVfG ist jede Stelle, die Aufgaben der öffentlichen Verwaltung wahrnimmt, eine Behörde.[5] Eine Behörde ist also eine „institutionelle Organisationseinheit der Verwaltung".[6]

2.2. Die allgemeine Verwaltung

Die allgemeine Verwaltung ist die „Grundform der Organisation"[7], deren Aufgaben durch Organe wahrgenommen werden.[8] In den Organen der allgemeinen Verwaltung wird nicht nach Art oder Inhalt einer Aufgabe unterschieden, sondern sie sorgen für die gebündelte Erfüllung der verschiedenen Aufgaben, d.h. für alle Staatsaufgaben in einem bestimmten Gebiet.[9] Darum werden diese Behörden auch als „Einheitsbehörden" bezeichnet.[10] Die allgemeinen Behörden sind meist dem Ministerium des Innern zugeordnet.[11]

---

[4] Vgl. Manfred Miller 1998. Vorstudien zur Organisation und Reform von Landesverwaltungen Band 1. Speyerer Forschungsberichte. 3. Auflage, 149 (im Folgenden zitiert als: Speyerer Forschungsberichte).
[5] Vgl. § 1 Abs. 4 Verwaltungsverfahrensgesetz (VwVfG)
[6] Vgl. ders. Öffentliche Verwaltung a.a.O., 233.
[7] Vgl. ders. Sonderbehörden a.a.O., 11.
[8] Vgl. ebenda, 11.
[9] Vgl. ebenda, 11.
[10] Vgl. ebenda, 11.
[11] Vgl. Hans J. Wolff, Otto Bachof 1976. Verwaltungsrecht II. Organisations- und Dienstrecht. München: C.H.Beck'sche Verlagbuchhandlung, 91 (im Folgenden zitiert als: Verwaltungsrecht).

2.3. Die Sonderverwaltung

Während die allgemeine Verwaltung grundsätzlich eher auf eine horizontale Gliederung der Verwaltung abzielt (Betonung der Ebenen und der Integration mehrerer Aufgaben für ein bestimmtes Gebiet) zieht die Sonderverwaltung eine vertikale Gliederung des Verwaltungsaufbaus vor (Betonung der Fachaufgabe, beste sektorale Erfüllung einer Teilaufgabe).[12] Bei einer vertikalen Gliederung der Verwaltung gibt es eine spezielle räumliche Organisation für „jede abgrenzbare Fachaufgabe".[13]

Sonderbehörden, welche auch als „besondere (Verwaltungs-) Behörden"[14] bezeichnet werden, sind also Behörden mit „enumerierter oder spezieller sachlicher Zuständigkeit".[15] Sie entstanden und entstehen durch Ausgliederung aus der allgemeinen Verwaltung (vgl. Kap. 2.3.), vor allem in menschenleeren Landstrichen oder in Städten, wo eine hoch entwickelte und komplexe Industriegesellschaft besonderen Wert auf die ideale Erfüllung der Verwaltungsaufgaben legt.[16] Sonderbehörden finden ihre Legitimation darin, dass die Wahrnehmung ihrer Aufgaben spezielle Technik oder besonderen Sachverstand erfordert.[17] Sie sind also „Repräsentanten der Spezialisierung und Technisierung"[18] in der öffentlichen Verwaltung.[19] Dabei sind Sonderbehörden nicht nach dem Ressortprinzip gegliedert, sondern nach Aufgabenschwerpunkten.[20] Im Gegensatz zur allgemeinen Verwaltung haben Sonderbehörden kein breit gestreutes Aufgabengebiet; es ist ihnen lediglich ein fest umrissener, auf ein bestimmtes Fachgebiet beschränkter Aufgabenbereich zugewiesen.[21] So sind auch Fachministerien mit Sonderbehörden (auf Bundesebene) gleichzustellen. Die meisten Sonderbehörden auf Bundesebene verfügen nicht über einen Verwaltungsunterbau der Mittel- und Unterstufe. Die Sonderbehörden auf Landesebene sind vertikal in die Landesoberbehörden, höhere Sonderbehörden und untere Sonderbehörden gegliedert[22], wobei es in der Literatur auch Abweichungen bei den Bezeichnungen gibt. Eine weitergehende horizontale Typisierung oder Aufzählung der Struktur von Sonderbehörden auf Landesebene

---

[12] Vgl. Klaus König, Heinrich Siedentopf. Öffentliche Verwaltung in Deutschland. Baden-Baden: Nomos Verlagsgesellschaft, 116 (im Folgenden zitiert als: ÖV in Deutschland).
[13] Vgl. ebenda, 116.
[14] Vgl. ebenda, 151.
[15] Vgl. Peter Eichhorn 1985. Verwaltungslexikon. Baden-Baden: Nomos Verlagsgesellschaft, 839 (im Folgenden zitiert als: Verwaltungslexikon).
[16] Vgl. ders. ÖV in Deutschland a.a.O., 151.
[17] Vgl. ders. Verwaltungslexikon a.a.O., 841.
[18] Siehe ders. Sonderbehörden a.a.O., 11.
[19] Vgl. ebenda, 11.
[20] Werner Thieme. Verwaltungslehre. Köln, Berlin, Bonn, München: Carl Heymanns Verlag KG, 187 (im Folgenden zitiert als: Verwaltungslehre).
[21] Vgl. ders. Sonderbehörden a.a.O., 13.
[22] Vgl. ders. ÖV in Deutschland a.a.O., 151.

5

ist problematisch, da diese von Land zu Land sehr variiert.[23] In Kapitel 4.2. werden die Sonderbehörden des Freistaates Bayern in Zuordnung zu den zuständigen Ministerien aufgezählt.

Von Sonderverwaltung (i.e.S.) ist die Rede, wenn sich Behörden eines Aufgabengebiets auf mehreren Stufen (Träger: Kommune, Land, Staat) vertikal zugeordnet sind. Man spricht dann von durchgängigen Sonderinstanzenzügen. So besteht z.B. die Eichverwaltung aus Eichämtern, Landeseichdirektionen und dem zuständigen Ministerium. Zu der Sonderverwaltung im weiteren Sinne gehören zusätzlich Anstalten des öffentlichen Rechts, so z.B. die Bundesanstalt für Flugsicherung.[24] In der Literatur werden Sonderbehörden (der Unterstufe) auch als Fachbehörden (der Unterstufe) bezeichnet.[25]

2.4. Interorganisatorische Beziehungen:

„Sonderbehörden" vs. „Allgemeine Verwaltung"

Die Sonderbehörden sind sozusagen das „Gegenstück" zur allgemeinen Verwaltung.[26] Das Bestehen der Sonderverwaltung wird in der Literatur jedoch oft als praktisches Beispiel für dekonzentrierte Verwaltung aufgeführt und somit als ein Bruch mit dem „Prinzip der Einheit der Verwaltung"[27] gesehen.[28] Umso brisanter ist die Tatsache, dass Sonderbehörden in den letzten Dekaden in der öffentlichen Verwaltung deutlich an Bedeutung gewonnen haben, so dass sich die klassische allgemeine Verwaltung zur „Resteverwaltung" entwickelt hat.[29] Der Trend geht weiter in diese Richtung und trotzdem kritisiert kaum jemand das „Prinzip der Einheit der Verwaltung".[30]

Einerseits hält man also an besagtem Prinzip fest, andererseits betrachtet man den Trend hin zur Sonderbehörde als normale Entwicklung. In manchen Bereichen beginnt sich sogar eine leichte Trendumkehr abzuzeichnen. So wurden beispielsweise im Jahr 1995 die

---

[23] Vgl. ders. Öffentliche Verwaltung a.a.O., 233
[24] Vgl. ders. Sonderbehörden a.a.O., 22.
[25] Vgl. ders. Speyerer Forschungsbericht a.a.O., 276.
[26] Vgl. ders. Sonderbehörden a.a.O., 12.
[27] Nach dem Grundsatz der Einheit der Verwaltung erfüllen die Landesregierungen eine ausgesprochene Bündelungsfunktion und repräsentieren die Staatsregierung auf der Ebene des Regierungsbezirks. Quelle: http://www.bayern.de/Bayern/Information/politischesLeben.html
[28] Vgl. ders. Verwaltungslexikon a.a.O., 841.
[29] Vgl. ders. Sonderbehörden a.a.O., 13.
[30] Vgl. ebenda, 13.

Wasserwirtschaftsämter, Gesundheitsämter und Veterinärämter als staatliche untere Sonderbehörden aufgehoben und in kommunale Körperschaften eingegliedert.[31] Diese gegenläufigen Betrachtungen müssen sich jedoch nicht ausschließen, sie können sich sogar ergänzen. Denn je mehr Spezialisierung es gibt, desto mehr benötigt man die allgemeine Verwaltung als Organisationsprinzip.[32] So sind beispielsweise an einem Strukturförderungsprogramm verschiedene Sonderbehörden beteiligt, deren Interessen zu einer einheitlichen bestmöglichen Lösung kommen müssen. Auch im Kommunal- oder Schulwesen oder im Landschaftsschutz sind meist die Aufgaben mehrerer Sonderbehörden verflochten, so dass diese zumindest in der Mittelstufe in der allgemeinen Verwaltung vereinigt sein sollten, um eine besser Kommunikation und Abstimmung untereinander gewährleisten zu können.[33] Das Prinzip der allgemeinen Verwaltung bedeutet also nicht die „Verwässerung" der Fachkenntnis der speziellen Sonderbehörden.[34] Die allgemeine Verwaltung versucht vielmehr, die fachlichen Einzelaspekte der einzelnen Behörden zu dem für das Gesamtinteresse bestmöglichen Ergebnis zu führen.

Problematisch ist auch die gegensätzliche Personalstruktur in der allgemeinen Verwaltung im Vergleich zur Sonderverwaltung. Fachbeamte können sich nur in Sonderbehörden frei entfalten, da sie hier den Rückhalt der „Geschäftsführung" und des Ministers haben, bei denen es sich in der Regel auch um Fachleute handelt.[35] Aktionen von Behörden sind *immer* vielseitig, egal wie spezialisiert der Fachbereich und wie urban und fortschrittlich das betreffende Gebiet ist. Aufgrund dessen muss man unter Berücksichtigung vieler Einzelaspekte, welche die Sonderbeamten fachkundig ermitteln, zu einer möglichst objektiven Gesamtentscheidung kommen, wofür die allgemeine Verwaltung adäquater erscheint.[36] Es liegt in der Natur der Sache, dass man diesen Sachverstand für das Allgemeine eher bei einem allgemeinen Beamten vorfindet als bei den eher als „kompromissfeindlich" einzuschätzenden Fachbeamten.[37] Des Weiteren sind Beamte sehr oft Juristen, welchen im Laufe ihrer akademischen Ausbildung vermittelt wird, verschiedene Aspekte anzuhören und zu verstehen.[38]

---

[31] Vgl. ders. ÖV in Deutschland a.a.O., 152.
[32] Vgl. ders. Sonderbehörden a.a.O., 14.
[33] Vgl. ders. Sonderbehörden a.a.O., 29.
[34] Vgl. ebenda, 15.
[35] Vgl. ebenda, 38.
[36] Vgl. ebenda, 40.
[37] Vgl. ebenda, 41.
[38] Vgl. ebenda, 42.

Verwaltung muss in jedem Falle „gut, schnell, schonsam und wirtschaftlich arbeiten".[39]

Die Sonderverwaltung und die allgemeine Verwaltung sollen also vereint zu einer ganzheitlichen Aufgabenerfüllung führen. Erst durch Machtinteressen entwickelt sich eine künstliche Unvereinbarkeit.[40]

3. Sonderbehörden in der Bundesrepublik Deutschland

Nachdem nun eine Beschreibung der zwei Verwaltungstypen vorgenommen wurde soll im Folgenden insbesondere auf die Entwicklung von Sonderbehörden eingegangen werden. Anschließend werden die Vor- und Nachteile gegenüber der allgemeinen Verwaltung aufgelistet.

3.1. Entstehung und Entwicklung von Sonderbehörden

Früher waren Könige, Fürsten und Gutsherren auf bestimmten Gebieten totale Herrscher, also wurden grundsätzlich alle öffentlichen Aufgaben eines bestimmten Gebietes von einer Organisation gebündelt erfüllt.[41] Wie eingangs erwähnt, entspricht dies einer horizontalen Gliederung der Verwaltung.[42] Heute kann man beispielsweise Bürgermeister und Landräte mit den damaligen Herrschern vergleichen, diese haben jedoch die Herrschaft über viele Fachaufgaben an Sonderbehörden verloren.[43]

Sonderbehörden entstehen regelmäßig durch Ausgliederung aus der allgemeinen inneren Verwaltung und durch die organisatorische Verselbstständigung von Teilen der allgemeinen Verwaltung. Ursprünglich gibt es viele Gründe für das „Auseinanderfließen" der allgemeinen Verwaltung. Nicht alle davon sind Sachgründe. In der Geschichte deutscher Politik gab es oft Reibereien im Reich-Länder Verhältnis, was zugleich ein Tauziehen zwischen dem föderalen und dem unitaristischen Prinzip war.[44] Durch Einflussstreben, also durch unmittelbares Machtinteresse, sowie durch das steigende fachmännische Selbstbewusstsein entstand der Ressortpartikularismus als weitere Triebkraft, die entgegen der Einheit der Verwaltung wirkte.

Gerade in den neuen Bundesländern war die allgemeine Verwaltung nach der Wiedervereinigung durch die geforderte Entwicklung zur „klassisch europäischen

---

[39] Vgl. ders. Verwaltungslehre a.a.O., 279.
[40] Vgl. ders. Sonderbehörden a.a.O., 16.
[41] Vgl. ders. ÖV in Deutschland a.a.O., 116.
[42] Vgl. ebenda, 116.
[43] Vgl. ebenda, 116.
[44] Vgl. ders. Sonderbehörden a.a.O., 35.

Verwaltung"[45] teilweise überfordert. Aus dieser Situation heraus haben sich im Zuge einer vertikalen Dekonzentration neue Sonderverwaltungen gebildet, welche aufgrund ihrer Spezialisierung die eiligen Probleme zügig und erfolgreich bearbeiten können.[46] In ihrem Einfluss auf die Entwicklung der Sonderbehörden überwiegen jedoch die Sachgründe. So ist zunächst die sich in allen Bereichen vollziehende Entwicklung der Gesellschaft zu nennen: von der Agrar- zur Industriegesellschaft und von der Liberal- zur Sozialgesellschaft. Diese Entwicklung begann die einheitlichen Behörden zu überfordern.[47] Auch hatte diese Entwicklung eine Spezialisierung aller Lebensbereiche zur Folge, was eine verfeinerte Verwaltungsleistung erforderte.

In der Verwaltung ist auf die voranschreitende Spezialisierung und gleichzeitig auf organisatorischen Zusammenhalt achten. Das heißt, nach einer angemessenen Arbeitsteilung müssen die Aktionen und Informationsflüsse anschließend wieder verschmelzen.[48] Einige Fachdisziplinen können aufgrund ihrer starken Eigengesetzlichkeit (Wehr- oder Finanzverwaltung) oder geringer Interdependenzen zu anderen Behörden (Flugsicherung) gut von der allgemeinen Verwaltung abgetrennt werden.[49] Sind diese Bereiche jedoch einmal ausgegliedert, so scheint eine Rückgliederung auf Grund der Struktur, anderer Arbeitsmethoden und anderem Aufgabenvolumen fast unmöglich zu sein.[50]

---

[45] Vgl. Hermann Hill: Integration von Sonderbehörden in die allgemeine Verwaltung, in: Rechtsstaatliche Verwaltung im Aufbau II. Sonderbehörden und Einheit der Verwaltung. Baden-Baden: Nomos Verlagsgesellschaft, 25.
[46] Vgl. ebenda, 25.
[47] Vgl. ders. Sonderbehörden, a.a.O. 37.
[48] Vgl. ebenda, 9.
[49] Vgl. ebenda, 27.
[50] Vgl. ebenda, 27.

3.2. Vor- und Nachteile von Sonderbehörden

Die Vor- und Nachteile von Sonderbehörden gelten in gleichem Maße für die Sonderverwaltung und werden aus Gründen der Übersichtlichkeit in der folgenden Tabelle aufgeführt:[51]

Vorteile	Nachteile
spezieller Sachverstand	gegen Grundsatz der "Einheit der Verwaltung"
im entsprechenden Fachbereich auf der Höhe der Zeit	viele horizontal nebeneinander stehende Fachbehörden, unverbundene Augabenerfuellung, mangelnde Abstimmung
keine externe (teuere) Unterstützung notwendig	Erschwerung einheitlicher Staatswillensbildung
bessere Betreuung der Bürger	unübersichtlich und verwirrend für Bürger
objektiver / weniger politischer Einfluß	Personal kann quantitativ nur schwer angepasst werden, dadurch kostenspieliger
hohe Schlagkraft	Selbsterhaltungstrieb der Fachdisziplinen spricht gegen Auflösung, auch wenn diese notwendig ist
flexibel	unübersichtlich*
durch begrenzte Größe und hohe Fachkundigkeit ist der Arbeitsethos hoch	Mangel an institutionalisierter Zusammenarbeit
dynamische Entscheidungen wegen straffer Hierarchie	nicht immer Entscheidungen zugunsten des Gemeinwohls**
fachlich interessierte Laien haben Möglichkeit zur Mitwirkung*	keine Synergie-Effekte**

*   Vgl. ders. ÖV in Deutschland a.a.O., 117.

**   Vgl. Hermann Hill: Integration von Sonderbehörden in die allgemeine Verwaltung, in: Rechtsstaatliche Verwaltung im Aufbau II. Sonderbehörden und Einheit der Verwaltung. Baden-Baden: Nomos Verlagsgesellschaft, 29.

Der entscheidende Vorteil der allgemeinen Verwaltung liegt im sachlichen Gleichgewicht der Entscheidung. Des Weiteren ist die Personalstärke hier durch „Job-Rotating" flexibel nach oben sowie nach unten anpassbar. Dieser Vorteil gewinnt immer mehr an Gewicht, da in der Verwaltung wie auch in der Wirtschaft der Personalkostenanteil in den letzten Dekaden

---

[51] Vgl. ebenda, 43-49. * Vgl. ders. ÖV in Deutschland a.a.O., 117. ** Vgl. Hermann Hill: Integration von Sonderbehörden in die allgemeine Verwaltung, in: Rechtsstaatliche Verwaltung im Aufbau II. Sonderbehörden und Einheit der Verwaltung. Baden-Baden: Nomos Verlagsgesellschaft, 29.

unverhältnismäßig anstieg und somit der wichtigste Kostenfaktor in der Verwaltung darstellt.[53]

Man kann Sonderbehörden jedoch trotz zahlreicher Vorteile gegenüber der allgemeinen Verwaltung nicht als generell besser geeignet bezeichnen. Ob die Sonderbehörden für die Aufgabenerfüllung der Verwaltung in den entsprechenden Teilbereichen prädestiniert sind, hängt von zahlreichen Faktoren ab. So spielt es beispielsweise eine Rolle, wie die Infrastruktur und die natürlichen Voraussetzungen innerhalb eines Verwaltungsbezirkes strukturiert sind. Entsprechend legen auch die Länder ihre Prioritäten bei der Wahl der geeigneten Organisationsform der Verwaltung ganz unterschiedlich. Vergleichbare Verhältnisse in verschiedenen Ländern führen jedoch zu vergleichbaren Verhältnissen der Organisation, wodurch nach Fonk das föderalistische Prinzip nur gewinnen könne.[54] Wenn also vergleichbare Organisationen vorherrschen, so ist auch ein Verschieben der Ländergrenzen denkbar, wie es bei einer Neubildung von Preußen (Berlin-Brandenburg) in der Diskussion ist. Dies könnte Synergien erzeugen und zu einem erheblich geringeren Verwaltungsaufwand führen.

In städtischen Ballungszentren kann man zum Beispiel mit vielen Anwohnern und fester Infrastruktur durchaus von einer besonderen Eignung für Sonderbehörden ausgehen, da hier die zahlreichen Anfragen von den Bürgern und die sehr speziellen Aufgaben in fest verteilten Ressorts fachmännisches Know-how erfordern.[55]

In ländlichen Gegenden hingegen ist es vorteilhafter, Fachbereiche, die man auf den ersten Blick auf Grund einer notwendigen fachlichen Kompetenz (z.B. Tiefbauamt) durch Sonderbehörden verwalten ließe, durch allgemeine Verwaltung verwalten zu lassen. Ein Hauptgrund hierfür ist das mögliche Auftreten von Komplikationen zwischen den Sonderbehörden. In ländlichen Gegenden ist die Arbeit des Tiefbauamtes fast unweigerlich mit der Arbeit des Forstamtes (bewaldete Gebiete) und des Straßenbauamtes verflochten. Auftretende Interessenskonflikte können in diesem Falle deutlich besser in einer allgemeinen Verwaltung bewältigt werden.[56]

---

[53] Vgl. ders. ÖV in Deutschland a.a.O., 520.
[54] Vgl. ders. Sonderbehörden a.a.O., 26.
[55] Vgl. ders. Sonderbehörden a.a.O., 24.
[56] Vgl. ders. Sonderbehörden a.a.O., 24, 25.

Es spielen jedoch zahlreiche weitere Faktoren eine Rolle, so dass man hier nach eingehender Untersuchung nur Einzelfälle bewerten kann.

4. Erscheinungsformen sonderbehördlicher Organisation

Wie bereits erwähnt wurde, variieren die Strukturen der sonderbehördlichen Organisation in den Ländern erheblich. Um jedoch trotzdem einen beispielhaften Überblick gewähren zu können, wurden die Sonderbehörden auf der oberen Landesebene in Bayern aufgelistet und strukturiert.

4.1. Vorgehen und Probleme bei der Abgrenzung

Das Hauptproblem bei der im folgenden Kapitel dargestellten Untersuchung ist, dass Sonderbehörden sich nicht als solche deklarieren. Also wurden die Sonderbehörden zunächst anhand von Aufzählungen in der einschlägigen Literatur ausfindig gemacht. Alternativ wären Sonderbehörden anhand der verschiedenen in der Literatur befindlichen Definitionen eigenständig abzugrenzen, worauf aus Gründen der Genauigkeit und Nachvollziehbarkeit verzichtet wurde. Die Vollständigkeit der aufgezählten Sonderbehörden kann also nicht garantiert werden.

Die in der Literatur befindlichen Daten wurden anschließend anhand einer Internet-Recherche verifiziert bzw. falsifiziert. In einem zweiten Schritt wurde der Internet-Auftritt des Landes Bayern und seiner Behörden eingehend untersucht, um die bestehende Auflistung zu vervollständigen. Die teilweise etwas älteren Informationen aus der Literatur wurden auch aktualisiert.

Bayerisches Staatsministerium der Finanzen	Bayerisches Staatsministerium des Innern	Bayerisches Staatsministerium für Arbeit u. Sozialordnung, Familie und Frauen	Bayerisches Staatsministerium für Landwirtschaft und Forsten	Bayerisches Staatsministerium für Landesentwicklung und Umweltfragen	Bayerisches Staatsministerium für Wirtschaft, Verkehr und Technologie	Bayerisches Staatsministerium für Gesundheit, Ernährung und Verbraucherschutz	Bayerisches Staatsministerium für Wissenschaft, Forschung und Kunst
Verwaltung der staatlichen Schlösser, Gärten und Seen (Schlösserverwaltung)[25]	Oberste Baubehörde[1] =Staatlicher Hochbau, Recht, Planung und Bautechnik, Wohnungswesen und Städtebauförderung, Straßen und Brückenbau, Zentrale Angelegenheiten;	Landesamt für Versorgung und Familienförderung[11]	Bayerisches Landesamt für Weinbau und Gartenbau[4]	Bayerisches Landesamt für Umweltschutz[5]	Bayerische Landeskartellbehörde[6]	Bayerisches Landesamt für Gesundheit und Lebensmittelsicherheit (LGL)[9]	LA für Denkmalpflege[10]
Landesvermessungsamt (Bayerische Vermessungsverwaltung)[26]	Bayerisches Landesamt für Statistik und DV[10]	Landesjugendamt[17]	Bayerisches Landesamt für Landwirtschaft[4]	Geologisches Landesamt[5]	Bayerisches Landesamt für Maß und Gewicht[8]	Gewerbeaufsichtsämter[9]	Direktionen der Staatsgemäldesammlungen[13]
Lotterieverwaltung[2]	Polizeiverwaltungsamt[21]	Referat für Landesausgleich im Arbeits- und Sozialministerium[10]	Landesanstalt für Tierzucht[16]	Landesamt für Wasserwirtschaft[5]	Landesgewerbeanstalt[7]	Bayerisches Landesamt für Arbeitsschutz, Arbeitsmedizin und Sicherheitstechnik (LfAS)[9]	Haus der bayerischen Geschichte (LA für geschichtliche Landeskunde)[15]
Bayerisches Hauptmünzamt[3]	Autobahndirektionen[10]		Landesanstalt für Bienenzucht[16]	Akademie für Naturschutz und Landschaftspflege[22]	Bergämter (Unterstufe)[10]		Generaldirektionen der bayerischen staatlichen Bibliotheken[24]
Landesentschädigungs- und Staatsschuldenverwaltung[19]			Landesanstalt für Fischerei[16]		Landesgewerbeanstalt Bayern (Anstalt des öffentlichen Rechts)[20]		Generaldirektionen der staatlichen Archive Bayerns[24]
			Landesanstalt für Landtechnik[16]				

Quellen:

1 http://www.stmi.bayern.de/ministerium/org.htm

2 http://www.stmf.bayern.de/default.asp?url=vermoegen_recht/organisation/

3 http://www.stmf.bayern.de/default.asp?url=ueber_uns/behoerden_ressort/

4 http://www.stmelf.bayern.de/

5 http://www.umweltministerium.bayern.de/wir/index.htm

6 http://www.bayerische-landeskartellbehoerde.de/ueberuns/index.html

7 http://www.stmwvt.bayern.de/

8 http://www.baynet.de/behoerdenwegweiser/1,,StMLF,00.html

9 http://www.stmgev.bayern.de/wir/index.html *und* http://www.lfas.bayern.de/

10   Forschungsinstitut für öffentliche Verwaltung, Manfred Miller, Vorstudien   zur Organisation und Reform von Landesverwaltungen   Band 1, Speyerer Forschungsberichte 149 S. 315, 316;

11   http://www.stmas.bayern.de/wir/behoerden.htm

12   Forschungsinstitut für öffentliche Verwaltung, Manfred Miller, Vorstudien zur Organisation und Reform von Landesverwaltungen   Band 1, Speyerer Forschungsberichte 149 S. 316 *und*

        http://www.stmlf.bayern.de/publikationen/ministerreden/2001/re11-   01.html

13   http://www.stmwfk.bayern.de/kunst/diashow/pinneu_d.html

14   http://www.lbp.bayern.de/

15   http://www.stmwfk.bayern.de/kunst/sokulteinricht.html

16   http://www.stmlf.bayern.de/alle/cgi-bin/go.pl?region=home&page=http://www.stmlf.bayern.de/aflue/re/links/linksin.htm

17   http://www.blja.bayern.de/Das_Amt/Das%20Amt.htm

18   http://www.stmlf.bayern.de/alle/cgi-bin/go.pl?region=home&page=http://www.stmlf.bayern.de/fueak/fueak.h   tml

26   http://www.stmf.bayern.de/default.asp?url=vermessung/allgemeines/

In den bayerischen Staatsministerien für Kultus und Unterricht und dem Staatsministerium für Bundes und Europaangelegenheiten sind keine Sonderbehörden ansässig.[57] Zusätzlich zu obiger Tabelle sind lt. Bernd Becker die Landespolizeien, die Finanzverwaltung und die Schulverwaltung Sonderbehörden.[58]

---

[57] Vgl. ders. Speyerer Forschungsbericht a.a.O., 315, 316.
[58] Vgl. ders. Öffentliche Verwaltung a.a.O., 332.

5. Schluss

Ein entscheidender Nachteil der Sonderbehörden ist die Unfähigkeit zur umfassenden und ganzheitlichen Problembewältigung. Probleme in der Verwaltung müssen jedoch zum Wohle des Gemeingutes ganzheitlich gelöst werden. Ein Aspekt des Sonderbehördenproblems hängt und hing also im großen Maße mit dem fehlenden Kommunikationsfluss und den daraus resultierenden Missverständnissen zwischen den Sonderbehörden zusammen. Neue Technologien und Wissensmanagement könnten beispielsweise durch funktionalisierbare Informationsflüsse via Internet einen großen Teil dieser Probleme beheben. Nach Informationen des Bundesministeriums für Inneres ist die im Jahre 1968 eingerichtete „Koordinierungs- und Beratungsstelle der Bundesregierung für Informationstechnik in der Bundesverwaltung" (KBSt) hierfür verantwortlich.[59] Inwieweit der Einsatz dieser Techniken jedoch zu einer Kompensation der anstehenden Belastungszuwächse der Verwaltung führen wird, ist noch nicht absehbar.[60]

Ein entscheidender Vorteil der allgemeinen Verwaltung gegenüber den Sonderbehörden ist der flexible Einsatz des Personals. Gerade in der heutigen Zeit spielt die Wirtschaftlichkeit in der Verwaltung eine wichtige, in der Literatur sogar umstrittener weise eine entscheidende Rolle. Künftig könnte bei den Sonderbehörden das Problem der fehlenden Flexibilität bei der Mitarbeiterzahl durch Zeitarbeit kompensiert oder minimiert werden. Dies erscheint umso wichtiger angesichts der Tatsache, dass eine Rückgliederung der verschiedenen Sonderbehörden nicht realistisch erscheint. So hat es das Straßenbauamt Bamberg beispielsweise schon oft in Erwägung gezogen, dieses personalpolitische Instrumentarium anzuwenden. „Auch wenn uns Stellenzuweisungen natürlich lieber sind als diese temporären Geschichten,", so Herr Obermeier, Leiter des Bereichs Personal und Organisation im Straßenbauamt Bamberg, „so spricht jedoch prinzipiell nichts gegen den Einsatz von Zeitarbeitskräften."[61]

Man muss auf die voranschreitende Spezialisierung und gleichzeitig auf organisatorischen Zusammenhalt achten. Auch einige andere wichtige Faktoren der Organisation, nämlich beispielsweise Effizienz, Wirtschaftlichkeit, Allgemeinwohl und Bürgernähe, bilden keine

---

[59] Vgl. Internet: http://www.bmi.bund.de/top/dokumente/Artikel/ix_19212.htm
[60] Vgl. ders. ÖV in Deutschland a.a.O., 521.
[61] Telefon-Interview am 28.05.03 mit Herrn Obermeier, Leiter Personalwesen und Organisation im Straßenbauamt Bamberg.

Gegensätze, sondern können sich ergänzen. Nun gilt es, Wege zu finden, wie dies zu realisieren ist. Es werden also weiterhin Ideen benötigt, wie es dem bewährten Berufsbeamtentum ermöglicht werden kann, die sich ständig verändernde wirtschaftliche Welt und die Gesellschaft effektiv zu steuern.[62] Beide Verwaltungsorganisationen haben ihre Vor- und Nachteile. Welche jeweils überwiegen und wo welche Organisationsform vorzuziehen ist, kann ausschließlich fallbezogen analysiert werden. Ob sich die jeweilige Entscheidung mit dem Prinzip der Einheit der Organisation verträgt, ist abschließend zu diskutieren.

Ein Trend hin zur Sonderbehörde war nach der Wende im Osten Deutschlands zu erkennen. Ob dieser Trend jedoch langfristiger Natur ist und auch nach Westdeutschland überzuschwappen droht oder bereits Auswirkungen gezeigt hat, könnte Thema einer weiteren wissenschaftlichen Arbeit sein. Verschiedene Quellen lassen jedoch einen allgemeinen Desintegrationstrend vermuten[63]. Dies wird oft als bedenklich eingeschätzt, da wichtige Verwaltungsaufgaben der Zukunft (z.B. Landes- und Stadtentwicklung, Umweltschutz, Bildungsreform) „wegen ihrer hohen sachlichen Verflochtenheit und Wechselbezüglichkeit zu anderen Fachbereichen nur in ständiger Koordination und in sachkundigem Zusammenwirken verschiedenster Zweige der Verwaltung bewältigt werden könnten".[64] Es handele sich hierbei um administrative Querschnittsaufgaben.

---

[63] Vgl. ders. Speyerer Forschungsbericht a.a.O., 234.
[64] Siehe ders. Speyerer Forschungsbericht a.a.O., 234.

Literaturverzeichnis:

Becker, Bernd 1998. Öffentliche Verwaltung. Lehrbuch für Wissenschaft und Praxis. Manz, Dillingen: Verlag R. S. Schulz

Eichhorn, Peter 1985. Verwaltungslexikon. Baden-Baden: Nomos Verlagsgesellschaft

Fonk, Friedrich 1969. Die Problematik der Sonderbehörden. Zum Verhältnis von allgemeiner Verwaltung zur Sonderverwaltung, Köln und Berlin: Grote Verlag

Hill, Hermann: Integration von Sonderbehörden in die allgemeine Verwaltung, in: Rechtsstaatliche Verwaltung im Aufbau II. Sonderbehörden und Einheit der Verwaltung. Baden-Baden: Nomos Verlagsgesellschaft

http://www.bayern.de/Bayern/Information/politischesLeben.html

http://www.bmi.bund.de/top/dokumente/Artikel/ix_19212.htm

König, Klaus; Siedentopf, Heinrich. Öffentliche Verwaltung in Deutschland. Baden-Baden: Nomos Verlagsgesellschaft

Miller, Manfred 1998. Vorstudien zur Organisation und Reform von Landesverwaltungen Band 1. 3. Auflage, Speyerer Forschungsberichte

Telefon-Interview am 28.05.03 mit Herrn Obermeier, Leiter Personalwesen und Organisation im Straßenbauamt Bamberg.

Thieme, Wolfgang. Verwaltungslehre. Köln, Berlin, Bonn, München: Carl Heymanns Verlag KG

Verwaltungsverfahrensgesetz (VwVfG)

Wolff, Hans J.; Bachof, Otto 1976. Verwaltungsrecht II. Organisations- und Dienstrecht. München: C.H.Beck´sche Verlagbuchhandlung

Quellen der Internet-Recherche:

http://www.stmi.bayern.de/ministerium/org.htm

http://www.stmf.bayern.de/default.asp?url=vermoegen_recht/organisation/

http://www.stmf.bayern.de/default.asp?url=ueber_uns/behoerden_ressort/

http://www.stmelf.bayern.de/

http://www.umweltministerium.bayern.de/wir/index.htm

http://www.bayerische-landeskartellbehoerde.de/ueberuns/index.html

http://www.stmwvt.bayern.de/

http://www.baynet.de/behoerdenwegweiser/1,,StMLF,00.html

http://www.stmgev.bayern.de/wir/index.html *und* http://www.lfas.bayern.de/

http://www.stmas.bayern.de/wir/behoerden.htm

http://www.stmlf.bayern.de/publikationen/ministerreden/2001/re11-   01.html

http://www.stmwfk.bayern.de/kunst/diashow/pinneu_d.html

http://www.lbp.bayern.de/

http://www.stmwfk.bayern.de/kunst/sokulteinricht.html

http://www.stmlf.bayern.de/alle/cgi-
        bin/go.pl?region=home&page=http://www.stmlf.bayern.de/aflue/re/links/l   inksin.htm

http://www.blja.bayern.de/Das_Amt/Das%20Amt.htm

http://www.stmlf.bayern.de/alle/cgi-
    bin/go.pl?region=home&page=http://www.stmlf.bayern.de/fueak/fueak.h   tml
http://www.stmf.bayern.de/default.asp?url=vermessung/allgemeines/